# 21 Emotions Of Love

## Discovering The Beauty In Every Feeling

Soumya Choudhury

Made with ❤ on the BookLeaf Publishing Platform
www.bookleafpub.in
www.bookleafpub.com

# Dedication

To the ones who have loved and lost,
to the ones still searching,
and to those who carry love in their hearts always.

To the ones who loved fiercely and lost,
but still found the courage to love again.

To the quiet hearts that love in silence,
the fearless souls who love without limits,
and the wandering spirits still searching for a love that
feels like home.

This book is for the dreamers, the poets,
the souls who feel deeply,
and the hearts that refuse to stop believing in love.

# Preface

Love has always been my greatest inspiration—its joys, its sorrows, its quiet moments of reflection. Over the years, I have seen love change and evolve, shaping my thoughts and emotions in ways I never expected. This book is a piece of that journey.

***21 Emotions of Love*** is not just a collection of poetry; it is a collection of experiences. Some are mine, some are inspired by the stories of others, and some are simply the musings of a heart that loves to dream. Each poem is an attempt to capture the many shades of love—the first spark, the deep connection, the pain of loss, and the hope that always lingers.

I invite you to read these words with an open heart. Perhaps you will find echoes of your own story within them.

# Acknowledgements

In the journey of creating this poetry book, I have been fortunate to receive support, inspiration, and encouragement from many individuals. I would like to take a moment to express my heartfelt gratitude to those who have played a significant role in this endeavor.

First and foremost, I would like to thank my parents for their unwavering support and belief in my dreams. Your love and encouragement have been the foundation upon which I built my creativity. Thank you for being my constant source of inspiration.

To my friends, thank you for your patience and understanding during the countless hours I spent writing and revising. Your feedback has been invaluable, and your enthusiasm for my work has fueled my passion.

To my readers, thank you for taking the time to engage with my work. Your willingness to explore the emotions within these pages means the world to me. I hope these poems resonate with you as much as they do with me.

# CHAHTA HU

*Har ek taswir se tumhe mehsoos karna chahta hu,*
*Tumhare zulfon mein ulajhna chahta hu,*
*Har ek sabd pe baas tumhari baatein karna chahta hu,*
*Tumhare khwabon mein rehna chahta hu,*
*Har manzil pe tumhare saath rehna chahta hu,*
*Har ek pal zindagi ka tumhara saath chahta hu,*
*Har kadam tumhara haath pakad ke chalna chahta hu,*
*Jaldi milo to sahi tumhe kaske bahoon mein pakadna*
*chahta hu,*
*Akhid tak baas tumhara saath chahta hu.*

# INTEZAAR

*Kuch adhuri baatein poori karni thi,*
*Kuch yaadein thi saath jeeni thi,*
*Kuch pal saath beetani thi,*
*Kuch der aur rukna issbar,*
*Kuch aur waqt lekar ana issbar,*
*Har waqt khayal ata hai tumhara,*
*Kaha ho? Kaisi ho? Dil se puchta hoon dobara,*
*Intezaar karunga tumhara, jaldi ana issbar.*

# BAATEIN

*Kuch baatein jo lafzon se bayaan na ho,*
*Kuch yaadein jo samay ke saath mitaa na ho,*
*Woh baatein jo ajj bhi gunjti hai,*
*Woh yaadein jo ajj bhi satati hai,*
*Hum dono alag nhi balki ek hi hai,*
*Dur hokaar bhi aspaas hi hai.*

# WAADA

*Yaad hai woh sapne jo saath mei thee sajayein,*
*Yaad hai woh iraadey jo saath mei badle,*
*Yaad hein woh pal jo saath mein thee bitayein,*
*Yaad hai woh shamein jo saath mein chalein,*
*Yaad haii woh waadein jo saath mein banayein,*
*Yaad hein woh wadaa ki kabhina hongee judaa,*
*Yaad hain woh waada ki kabhi na torenge yeh waada.*

# ISHQ

*Woh khwab hi kya jo saath sajaya na ho,*
*Woh ishq hi kya jisme tera haan na ho,*
*Woh dhadkaan hi kya jisme tera naam na ho,*
*Woh dua hi kya jisme tu na ho,*
*Woh khwaish hi kya jo tere saath na ho,*
*Woh lafz hi kya jisme tera izhaar na ho,*
*Woh ishq hi kya jisme duba na ho,*
*Woh ishq hi kya jo tujhe kubul na ho.*

# DEEDAR

*Haazaro ki bheedh mein,*
*Tujhe dhundhe yeh aankhein,*
*Ek deedar sei tera, mera din ban jayein,*
*Maan karein baas tujhe dekta hi rahoon,*
*Yeh khwab dekhun ki bas tera baan jayun,*
*Raaton ko abh neend nahi aati,*
*Kyu tu mere pas nahi,*
*Woh aankhein, woh noor ,woh rutba*
*Dil se utarta hee nahi.*

# MULAQAT

*Shamein dhalte tere saath yunhi chalta rahu,*
*Dil kare baas tujhe sunta rahu,*
*Kya ye pal ko yehi rok du,*
*Na raaste khatam ho aur na yeh raat,*
*Sochta hu phir kab yeh mulaqat ho.*

# UMEED

Har mukam pe tu saath ho,<br>
Har woh sapno jo tujh sang pura ho,<br>
Duniya kuch bhi kahe,koi kuch bhi bole baas,<br>
Kabhi na ho humare pyaar ki kaami,<br>
Kuch bhi ho mera haath tere haath pe ho,<br>
Umeed hai tera saath humesha bani rahein,<br>
Tu kabhi na jaay, yehi dua rahein.

# JAZBAAT

*Hoothon paar bass tera naam ho,*
*Kahani teri hon paar shabd mera ho,*
*Tere chehre paar baas muskurahat ho,*
*Jazbaat itne badee jaise ki yeh kaynaat,*
*Duur jane se bhi tere paas le aaye yeh kaynaat,*
*Tere saath hein jud ke rakhe yeh jazbaat.*

# YAAD

*Woh galiyon se hokar jab guzre,*
*Yaad aya tera hasta huwa chehra,*
*Yaad aya woh pal jo saath mein guzare,*
*Dil jaise tham sa gayaa,*
*Andar ek sannata sa mehsus hua,*
*Jaise ki kuch to hain gayab sa,*
*Woh galiyon se to nikal gaya,*
*Lekin teri yaad ko dil se na nikal paya.*

# DOORIYAN

*Jo milna aksar hota thaa,*
*Ab kabhi kabhi hota hai,*
*Jo guftagu raat bhar hoti thi,*
*Ajkal baas do din mein ek baar hota hai,*
*Chalte chalte itna agee badhgayein,*
*Do raaste alag hogayein,*
*Ek dusre se dooriyan badh gayi,*
*Jodo mein ghuma karte thee,*
*Ab akele hee din guzarte hai,*
*Ab baas tumhara raah dekte hai,*
*Yeh dooriyan khatam ho baas yehi umeed hai.*

# SAHARA

*Raah dhundte huye tujhse tadka gaya,*
*Palak jhapak te hi ek sanyog mehsoos hone laga,*
*Baaton baaton mein nazdikiyan badhne laga,*
*Laga jaise ki dubte ko kinara mil gaya,*
*Awaara jaisa bhatakta tha,*
*Ek sahara mil gaya,*
*Khoya khoya rahta tha,*
*Ek wajah mil gaya,*
*Adhura sa tha,*
*Tumse milke pura ho gaya.*

# SHIKAYAT

*Shikayatein to bohot thi tumhe,*
*Par samajhne ki chahat nahi,*
*Kuch meri galatiyan he sahi,*
*Par sab galat to nahi,*
*Humesa yehi koshis rakhi,*
*Ki tumhe kabhi koi takhlif to nahi,*
*Har din jaan raha hu tumhe,*
*Seekh raha hu cheezein,*
*Kab samjhoge mujhein,*
*Rishton mein hojati hai upar nichein,*
*Kab samjhoge mere mehbooba?,*
*Kabhi na murjhaye tumhara hasta huya chehra,*
*Yehi baas dua hai mera.*

# EK TARFA

*Khuda se baas ek sawal hai mera,*
*Tu takdeer mein kyu nahi hai mera?*
*Izhaar karne ka himmat nahi,*
*Daarta hoon kahi tujhe ,*
*Hamesha ke liye kho na du,*
*Bhalei yeh ishq ek tarfa hi kyu na ho,*
*Kuch pal ke liye hee sahi,*
*Teri maujudgi de mere dil ko khusi,*
*Usse behtereen waqt kuch bhi nahi,*
*Duniya mein sabse kimti mere liye teri khusi,*
*Bhalei yeh ishq ek tarfa hi sahi.*

# ITTEFAQ

*Bheed bazaar mein tujhse tadka gaya,*
*Kuch pal ke liye ye dil dhadakta raha,*
*Sochta hu kahi ye koi sapna to nahi,*
*Tujhse milna ek ittefaq hi sahi,*
*Derr se hi thik par mile to sahi,*
*Meri kahani adhuri thi,*
*Tere aane se ab hogayi hain puri.*

# PEHLA PYAAR

*Pehli nazar se yeh dil tera hogaya,*
*Aankhon aankhon mein pyaar hogaya,*
*Yeh ahsaas hi kuch naya hai,*
*Shayad yehi mohabbat hai,*
*Jab taswiron mein tujhe dekh liya,*
*Dono aankhein bhad aaya,*
*Shayad pehla pyar ko nahi bhula paya,*
*Koshish ki par un yaadon ko mita na paya,*
*Saalon baad bhi aaj jab tujhe dekha,*
*Purani yaadon mein khone laga,*
*Yaadon se nikalte nikalte,*
*Tum waha nahi thi,*
*Main akela hi reh gaya.*

# SAATH

*Mere har ek panne pe baas tera haath ho,*
*Zindagi ke haar mod pe tera saath ho,*
*Tu hamesha mere saath ho,*
*Dil ke har dhadkan me tera naam ho,*
*Koi ho na ho,*
*Mere liye baas tum kaafi ho.*

# DARD

*Tumhare thukrane mein woh dard nahi diya,*
*Jo usdin tumhare baaton ne diya,*
*Galti hi kya thi hamari,*
*Ek tarfa pyaar hee thi saari,*
*Dheere dheere jo sapne sajaye thi,*
*Ek hi din mein tumne saare todd diye,*
*Kisne haq diya tha tumhe,*
*Ki koi haq nahi, main tumse pyaar karu,*
*Kya khamiyan thi mujme,*
*Bohot mohabbat tha tumse,*
*Pyaar ke badle dard de gaye aaj se.*

# KHAMOSHI

*Sab badhiya chal raha tha,*
*Achanak kuch muskile aane lage,*
*Jaha ek dusre pe itna bharosa tha,*
*Ab baaton mein khamoshi sa chaane lage,*
*Ek dusre ke bina kahi nahi jaate thee,*
*Ab kisi aur ke saath ghoomne lage,*
*Jo Ishq pehle mujhse karti thee,*
*Ab kisi aur se karne lage.*

# SAAZISH

*Thaak haadke pareshan rehta tha,*
*Kya galat ho raha yahi sochta tha,*
*Ekdin chalte chalte nazrein atak gayi,*
*Shayad tumse milane ki ek khwaish thi,*
*Kudrath ki yehi saazish thi,*
*Baas sahi samay ka intezar tha,*
*Khamakha apne naseeb ko koshta rehta tha,*
*Neendon mein dekha woh sapna ho tum,*
*Meri aankhon ka taara ho tum,*
*Pyaar se bulaya woh ishq ho tum,*
*Sirf mere ho tum,*
*Baas sirf mere ho tum.*

# JUDAA

*Log puchte hai woh gayi kyu,*
*Shayad tune hi kuch galat kia hoga,*
*Kya hi bataun mere ishq ki dastaan,*
*Kamzoriyan ishq mein dhundna aasan hota hoga,*
*Par haar ishq gehra nahi hota,*
*Ishq karne wala har koi galat nahi hota,*
*Rooh se ishq karne wala jism ka bhooka nahi hota,*
*Khudse aage rakne wala galat nahi hota,*
*Saath jodne wala judaa nahi hota,*
*Har sacche pyaar karne wale ko ishq naseeb nahi hota.*